Options Binaires:

Étapes par étapes guide pour gagner de l'argent à partir du trading l'indice de Volatilite.

by

Richard Lee

MENTIONS LÉGALES

DROITS D'AUTEUR

Tous les droits sont réservés. Aucune partie de ce livre ne peut être reproduite sous quelque forme que ce soit, électronique ou mécanique, y compris la photocopie, l'enregistrement ou par tout système de stockage ou de récupération d'informations, ou redistribuée sans l'autorisation écrite expresse de l'auteur. Ce livre ne peut être vendu en aucune circonstance; vous n'avez que des droits personnels sur ce livre.

AVERTISSEMENT

En utilisant les informations contenues dans ce livre, vous acceptez qu'il s'agisse de matériel pédagogique général et que vous n'assumerez aucune responsabilité pour les pertes ou dommages résultant du contenu fourni par l'auteur.

Veuillez noter que le trading binaire et la négociation d'autres produits à effet de levier comportent un niveau de risque important et ne conviennent pas à tous les investisseurs. Avant d'entreprendre de telles transactions, vous devez vous assurer de bien comprendre les risques encourus et demander un avis indépendant si nécessaire. Toutes les opinions ou autres informations contenues dans ce livre sont fournies à des fins éducatives générales et ne constituent pas un conseil en investissement.

Copyright © 2018 Richard Lee

Tous les droits sont réservés.

TABLE DES MATIÈRES

MENTIONS LÉGALES 1

TABLE DES MATIÈRES 2

Introduction 4

CHAPITRE UN 6

Introduction au trading d'options binaires 6

CHAPITRE DEUX 10

Comment échanger Rise / Fall 10

    Stratégie de ver graphique Sniper 10

    Règles de cette stratégie 11

    Gestion de l'argent 14

CHAPITRE TROIS 16

Comment échanger Touch / No Touch 16

    La plateforme de trading 22

    Ne touche pas la stratégie 24

    MARCHÉ DE L'OURS 24

    La stratégie des canaux de Keltner 25

    Comment échanger les canaux Keltner 26

    La stratégie de la frontière supérieure 26

    La stratégie du Middle Band 28

    Stratégie Up / Down (Rise / Fall) 29

    Stratégie moyenne mobile 50 (la ligne rouge) 31

    BULL MARKET 32

    Stratégie Keltner Channel 33

Stratégie moyenne mobile 20 (la ligne noire)	34
Stratégie moyenne mobile 50 (la ligne rouge)	36
Gestion de l'argent	37
CHAPITRE QUATRE	**38**
Comment échanger des Digits Matches	**38**
Stratégie de correspondance des chiffres	39
Procédure	41
Le numéro secret	42
Règles de la stratégie	45
CHAPITRE CINQ	**46**
Conclusion	**46**

Introduction

Merci d'avoir acheté ce livre. Mon but ultime d'écrire un autre livre de la série Teach Yourself est de vous aider à négocier et à gagner de l'argent grâce aux options binaires. Vous n'avez pas besoin de payer un montant énorme à quelqu'un avant de pouvoir apprendre à échanger plus spécialement les options binaires.

Je partage avec vous ma richesse d'expérience et mes stratégies en matière d'échange qui, je l'espère, vous seront également utiles.

Veuillez noter qu'au moment d'écrire ce livre, certaines fonctionnalités de la plate-forme binaire ont peut-être été modifiées, mais les principes restent les mêmes.

Tout ce que vous avez à faire est de suivre littéralement tous les principes et stratégies décrits dans ce livre et vous aurez la garantie d'avoir un ratio de gains élevé, ce qui se traduit par un retour sur investissement (ROI) très frappant.

Gardez à l'esprit que le trading n'est pas un système de devenir riche rapidement. Vous pouvez réellement échanger et en vivre si vous adhérez à certaines règles et principes qui le guident. Je partage avec vous plusieurs stratégies qui vous aideront à le faire.

J'espère que la lecture de ce livre ne se traduira pas seulement par un savoir-faire, mais vous aidera également à gagner de l'argent dans votre activité de trading.

J'espère que non seulement vous lirez, mais appliquerez également les connaissances que vous avez apprises dans ce livre. C'est alors que votre fortune commerciale viendra.

Je suis persuadé que ce que vous apprendrez, s'il est implémenté, vous donnera accès au gâteau des options binaires.

Bonne lecture.

Richard Lee

CHAPITRE UN

Introduction au trading d'options binaires

Les options binaires sont également appelées des options tout ou rien. En tant que commerçant d'options binaires, vous avez deux positions à décider: la valeur d'un actif va-t-elle augmenter ou va-t-elle baisser sur une période de temps donnée? Selon le résultat commercial, le paiement est un pourcentage prédéterminé ou rien.

Par exemple, si un commerçant prévoit que la valeur d'EURUSD s'appréciera dans un délai donné, et qu'il est correct, il bénéficie alors d'un montant fixe. Si la valeur de l'EURUSD chute cependant, l'opérateur perd tout le montant de l'investissement. Peu importe si l'actif dépasse le prix initial dc 1 point ou de 50 points, le paiement est le même.

Le binaire est plus simple à échanger que le Forex. Vous n'avez pas besoin de connaître trop de détails techniques pour échanger des options binaires contrairement au Forex. En dehors de cela, les options binaires sont à court terme, parfois aussi rapides que 60 secondes, permettant des échanges et des succès répétés. En outre, il permet aux investisseurs de tirer parti des tendances des marchés à la hausse et à la baisse.

Le trading lui-même est simple. Une fois que vous avez ouvert votre compte, accédez à la plateforme de trading. Sélectionnez l'actif que vous souhaitez échanger, l'heure d'expiration, si la valeur va augmenter (option Appel) ou vers le bas (option Mettre), puis entrez le montant que vous souhaitez investir. Vous contrôlez votre investissement à chaque étape. À l'échéance, le paiement défini sera automatiquement ajouté à votre compte si vous avez négocié avec succès ou si le montant de l'investissement a été déduit, sinon.

Alors que la plupart des courtiers ne proposent que des options de trading en devises ou en matières premières ou en actions et indices, il existe un autre aspect des options binaires que binary.com propose à ses clients de gagner de l'argent. C'est l'indice de volatilité.

La négociation de l'indice de volatilité est un aspect du trading d'options binaires négocié sur la plateforme Binary.com. Il est plus stable comparé à la devise et n'est pas sujet aux nouvelles comme le font la plupart des paires. Volatility Indices dispose de nombreux instruments à traiter, tels que l'indice Volatility 10, l'indice Volatility 25, l'indice Volatility 50, l'indice Volatility 75, l'indice Volatility 100 et les marchés Bear et Bull. S'il vous plaît voir l'image ci-dessous.

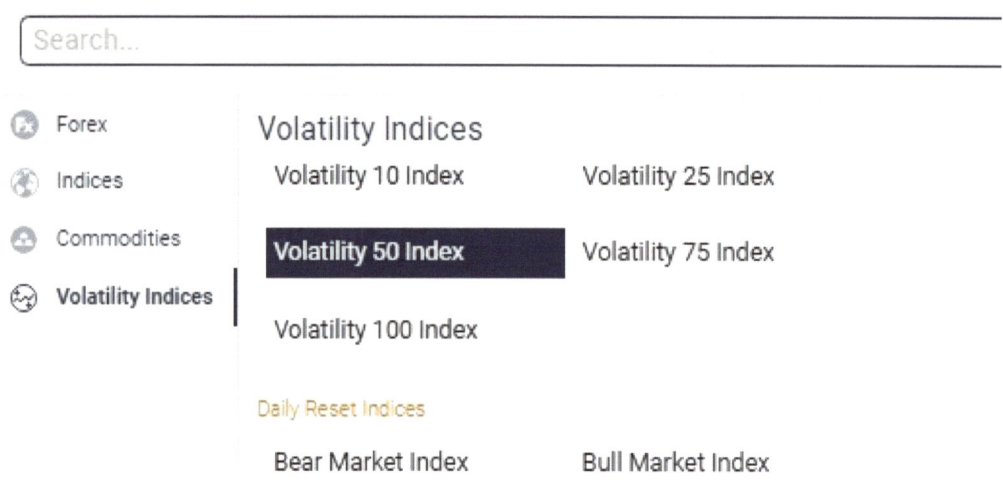

Il existe plusieurs options de négociation sous chaque indice de volatilité. Nous avons Up / Down (Rise / Fall, plus haut / plus bas) Touch / No Touch, In / Out, chiffres, Asians et Lookbacks etc.

Voir l'image ci-dessous,

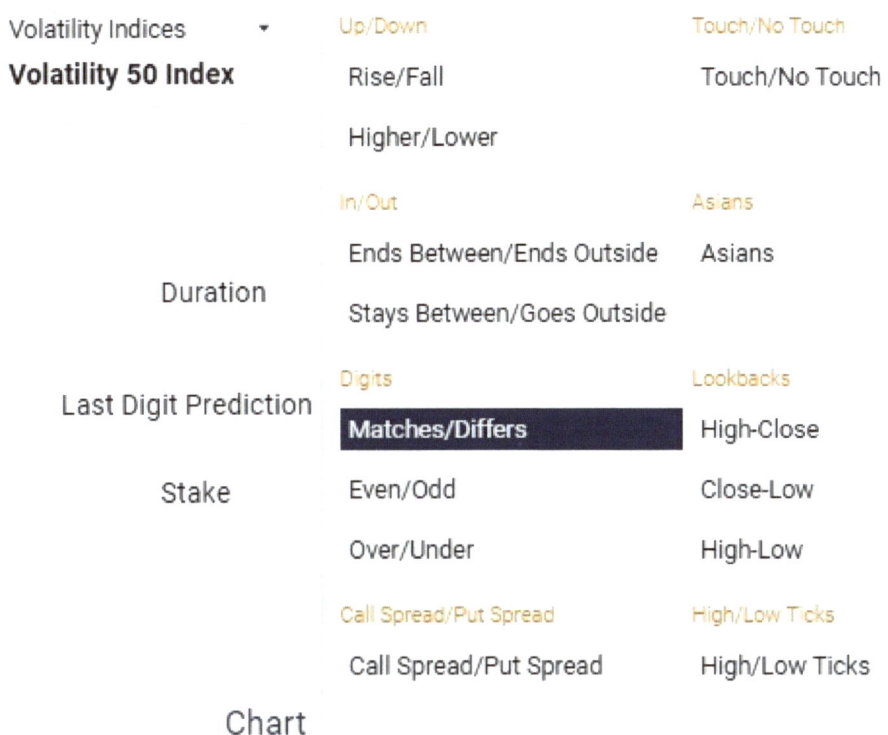

Vous devrez peut-être ouvrir chaque index individuellement, car il se peut que vous ne trouviez pas de correspondance de chiffres dans certains marchés comme Bear et Bull. Tout de même, c'est juste pour vous donner une idée de plusieurs options de trading sous les indices de volatilité.

Dans ce livre, je vous montrerai pas à pas comment vous pouvez échanger UP / Down (Rise / Fall), Matchs de chiffres et Touch / No Touch.

CHAPITRE DEUX

Comment échanger Rise / Fall

Stratégie de ver graphique Sniper

Laissez-moi vous expliquer comment négocier l'indice de volatilité avec cette stratégie.

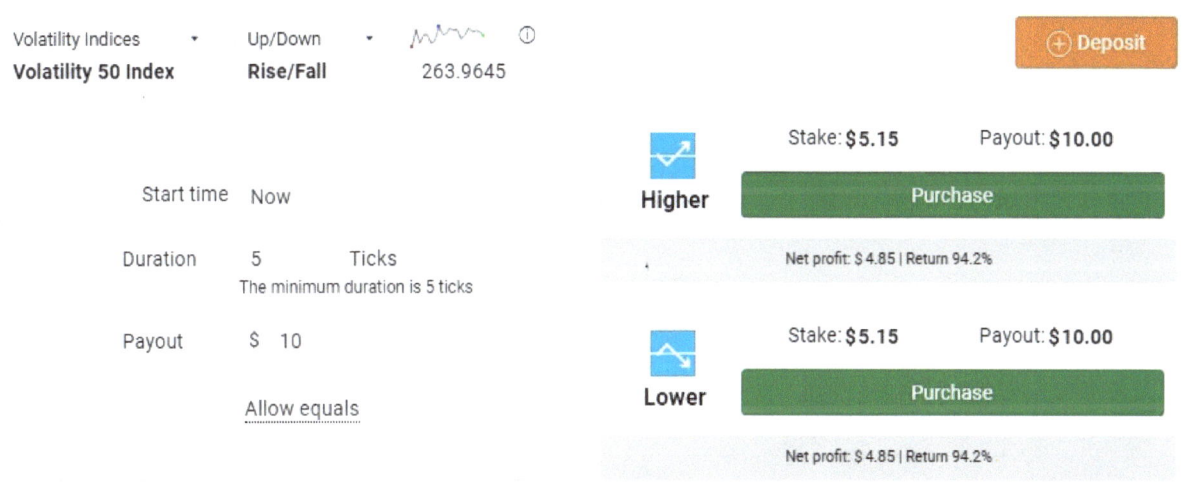

Ceci est une stratégie de tique. Choisissez Up / Down et Rise / Fall. Sous la durée, vous choisissez 5 ticks, définissez vos enjeux ou votre montant d'investissement et vous pouvez acheter.

Dans l'image ci-dessus, pouvez-vous voir la ligne que j'ai pointée avec la flèche rouge? C'est le ver graphique. Il a quatre parties. La petite partie ronde rouge, bleue et verte. L'extrémité extrême a la tête ronde verte comme un ver. La quatrième partie est le prix d'affichage couleur 264.0470, comme indiqué ci-dessus. Voir l'image ci-dessous

La flèche rouge pointe vers la partie ronde. La flèche bleue pointe vers la partie ronde et la flèche verte pointe vers la tête du ver.

Règles de cette stratégie

Notre objectif est la tête du ver et le prix d'affichage des couleurs qui doit être BLEU ou ROUGE. Lorsque la tête du ver passe en ROUGE, compte le prochain prix d'affichage de la tête et de la couleur. Si le prochain prix d'affichage de la tête et de la couleur est également ROUGE au moins 3 fois sans autre couleur, vous devez être prêt à prendre votre position (dans ce cas, HIGHER). Ensuite, lorsque cela se produit, la prochaine couleur qui apparaît, BLEU, cliquez immédiatement sur Plus haut.

MAIS si la tête du ver est BLEUE, compte le prochain prix d'affichage de la couleur du nombre suivant, si BLEU consécutivement sans autre couleur entre les deux. Alors préparez-vous à prendre votre position qui est INFÉRIEURE. Donc, dans ce cas, immédiatement après la prochaine couleur qui est ROUGE, cliquez sur INFÉRIEUR.

Veuillez noter que le prix d'affichage des couleurs ou la tête de BLEU indique UP ou Higher tandis que la couleur RED indique Down ou Lower

Voyons l'exemple,

Comme vous pouvez le voir sur l'instantané ci-dessus.
Le premier prix d'affichage de la couleur était ROUGE avec un ver graphique à tête ROUGE. La couleur suivante du numéro immédiat était ROUGE avec le ver de la tête ROUGE. Ceci a été suivi immédiatement par une autre couleur de numéro ROUGE avec un autre ver à tête ROUGE.
Une fois que vous voyez trois prix d'affichage de couleur successifs et la tête de la même couleur sans autre couleur de numéro ou entre les deux. Préparez-vous à prendre votre position.

Maintenant, vous pouvez voir que le quatrième nombre était BLEU avec une tête VERT. Cela n'a pas d'importance. La séquence de nombre a été remplie avec les trois numéros ROUGES précédents et la tête dans la séquence. Une fois que cela se produit, cliquez sur HIGHER.

Et s'il vous plaît noter que immédiatement le prix d'affichage de la couleur a changé en BLEU. Vous cliquez sur HIGHER simultanément.

Laissez-moi vous montrer un autre exemple.

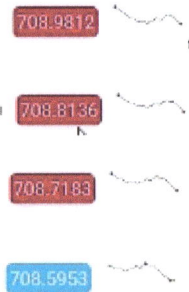

Les têtes BLEUES apparaissent avec un prix de couleur BLEU! Compte 1
Le deuxième prix de la motion qui revient après est toujours BLEU! Compte 2
Le troisième prix du mouvement qui revient après est toujours BLEU! Compte 3
Préparez-vous à cliquer LOWER après cela. Nous avons déjà trois numéros BLEUS et une tête en séquence qui ne sont pas affectés par une autre couleur numérique.
Et le prix d'affichage des couleurs est toujours BLEU, ça va toujours. Aucun problème.
Après cela, le prix de l'affichage des couleurs passe à RED, puis cliquez immédiatement sur LOWER.

Laissez-moi vous montrer un autre exemple,

Les têtes ROUGES apparaissent avec un prix de couleur ROUGE! Compte 1

Le deuxième prix de la motion qui revient après est toujours RED! Compte 2

Le troisième prix du mouvement qui revient après est toujours RED! Compte 3

Préparez-vous à cliquer sur HIGHER position après cela. Nous avons déjà trois numéros ROUGES et une tête en séquence qui ne sont pas affectés par une autre couleur numérique.

Après cela, le prix de l'affichage des couleurs devient BLEU, puis cliquez immédiatement sur HIGHER.

Mais par exemple si la tête ROUGE apparaît et que je commence à compter à partir de la première tête ROUGE, si le prix de la couleur et la tête ne sont pas dans SEQUENCE (Désorganisé), le compte sera invalide. Je vais ignorer cela et chercher une autre séquence meilleure.

Gestion de l'argent

Cette stratégie fonctionne et vous aidera à gagner de l'argent facilement grâce aux options binaires Volatility que dans les devises. Cependant, il n'y a pas de stratégie parfaite à 100%. Si une stratégie vous aide à gagner 6 ou 7 transactions sur 10. C'est une bonne stratégie.

L'autre aspect clé du trading est la gestion de l'argent. En cas de pertes, vous devez être prêt à utiliser la stratégie Martingale pour récupérer vos pertes.

Vous trouverez ci-dessous un exemple de MATINGALE que vous pouvez utiliser pour récupérer votre capital.

$0.5, $2.5, $6.25, $15.63, $39.07, $97.66.

Qu'est-ce que cela signifie, c'est que si vous misez $0.5 et que vous perdez, dans le prochain intrant commercial, $2.5, si cela entraîne des pertes, dans le prochain commerce, mettez encore $6.25 et ainsi de suite ... vos pertes et toujours être rentable après chaque transaction.

Veuillez noter que la mise dépend de votre capital. Vous pouvez aussi développer votre propre style de gestion de l'argent en fonction de votre capital.

CHAPITRE TROIS

Comment échanger Touch / No Touch

Pour échanger Touch / No Touch, vous aurez besoin de Trading View Platform pour obtenir le graphique.

Il existe deux manières d'obtenir votre plate-forme binaire Trading View.
(1.) Vous pouvez soit aller directement à
https://tradingview.binary.com/v1.3.11/main.html ou
(2.) Vous allez sur binary.com dans votre navigateur et suivez les étapes ci-dessous

Cliquez sur les plates-formes comme indiqué ci-dessous

Cliquez ensuite sur plus d'outils

Cliquez ensuite sur Try Trading View comme indiqué ci-dessous

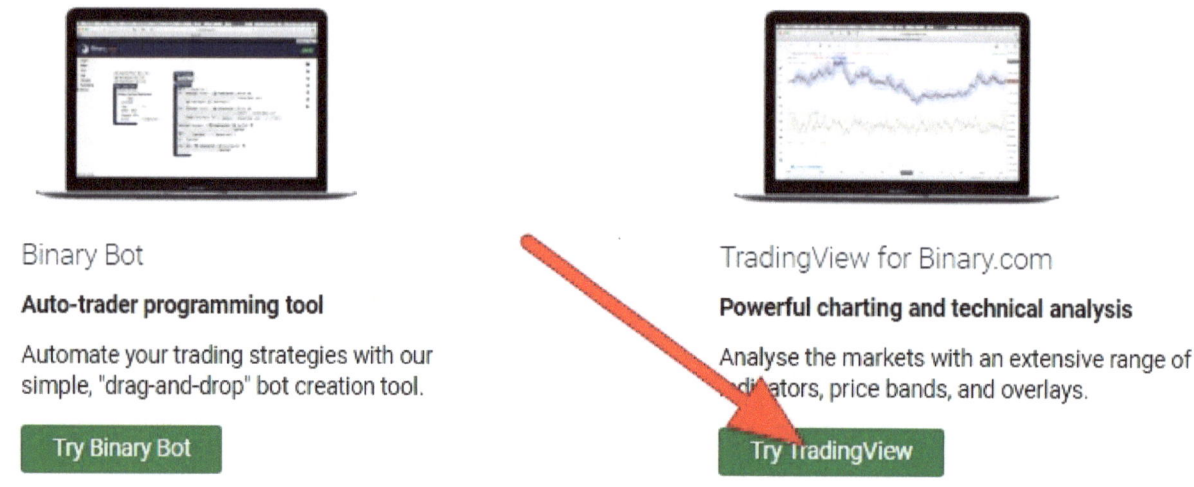

Le graphique se chargera comme ça

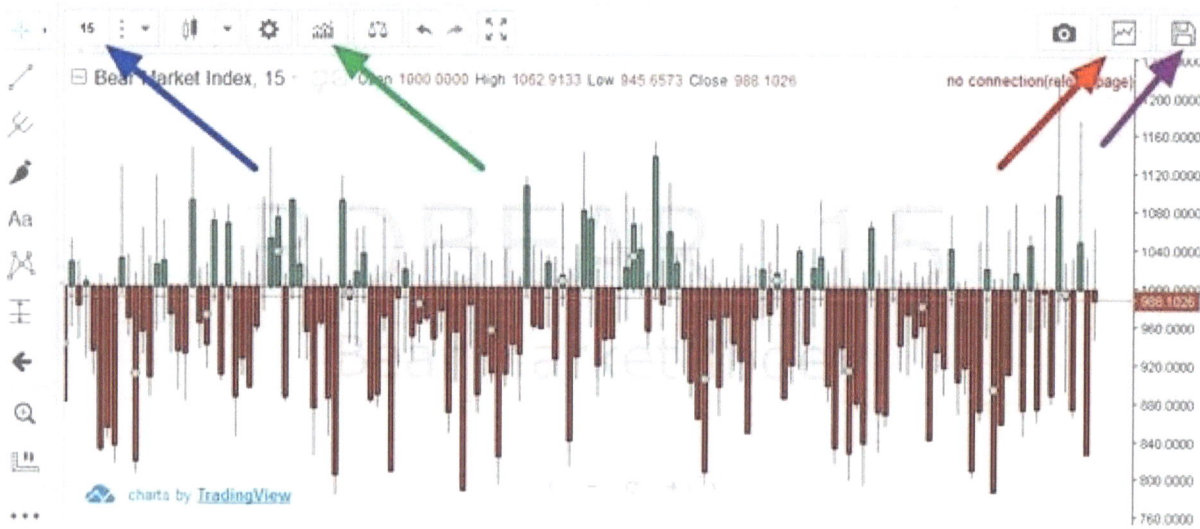

La flèche rouge indique où obtenir l'instrument à négocier. Lorsque vous cliquez dessus, une page comme celle-ci s'affiche et vous pouvez choisir Bear ou Bull Market.

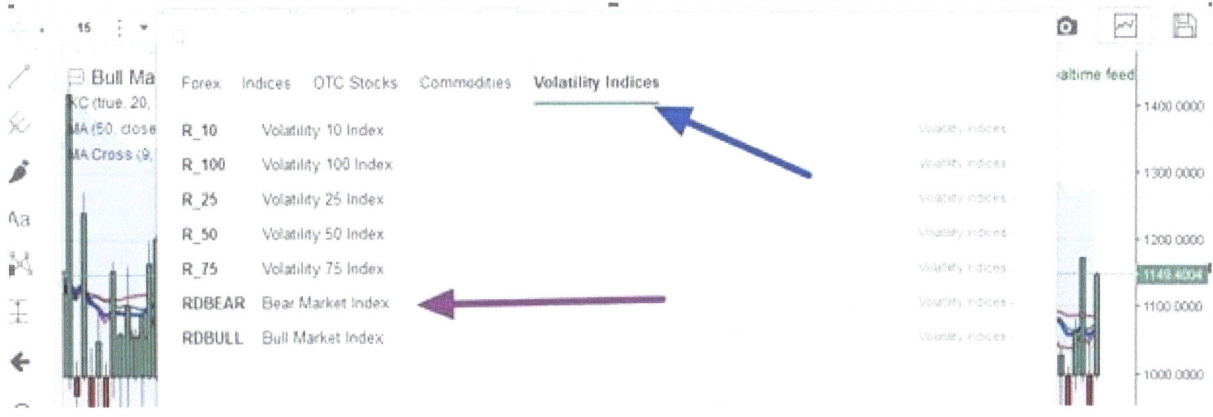

La flèche verte est l'endroit où choisir les indicateurs.

La flèche bleue est l'endroit où choisir le délai qui pourrait être de 15 minutes à heures. Et la flèche pourpre est l'endroit où enregistrer les paramètres pour que vous puissiez le voir quand vous reviendrez au commerce.

Voir exemple d'instantané ci-dessous

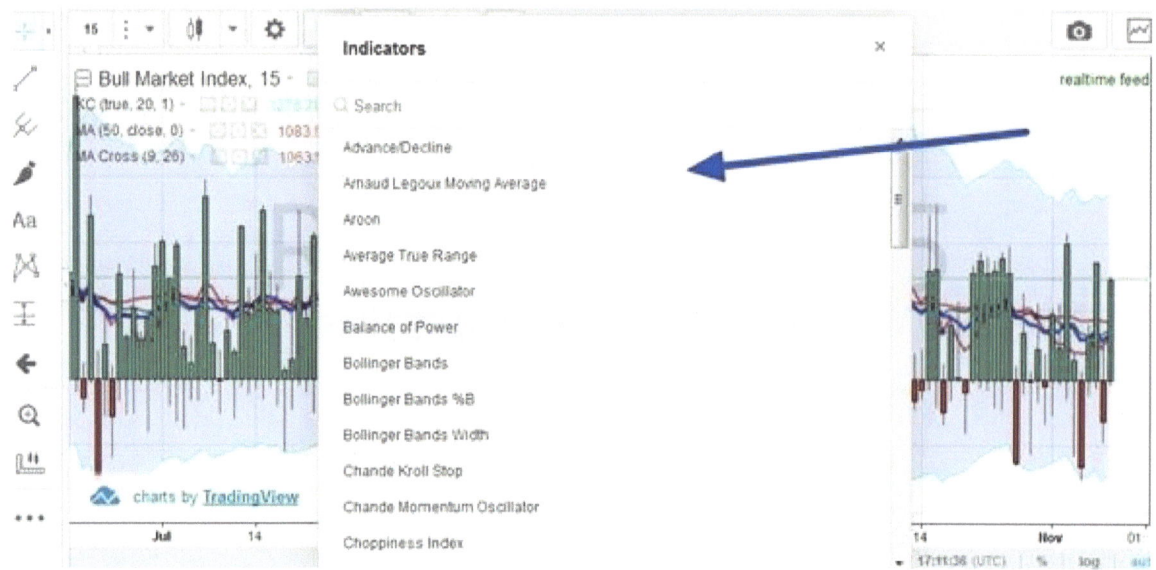

Une fois que votre carte est chargée. Vous allez maintenant configurer vos graphiques avec deux indicateurs pour notre stratégie.

Le premier est la moyenne mobile et le second est le canal Keltner.

Pour les paramètres de moyenne mobile

Choisissez Moyenne mobile dans les indicateurs et remplissez les détails comme indiqué ci-dessous.

Nous allons utiliser la moyenne mobile 20 et la moyenne mobile 50.

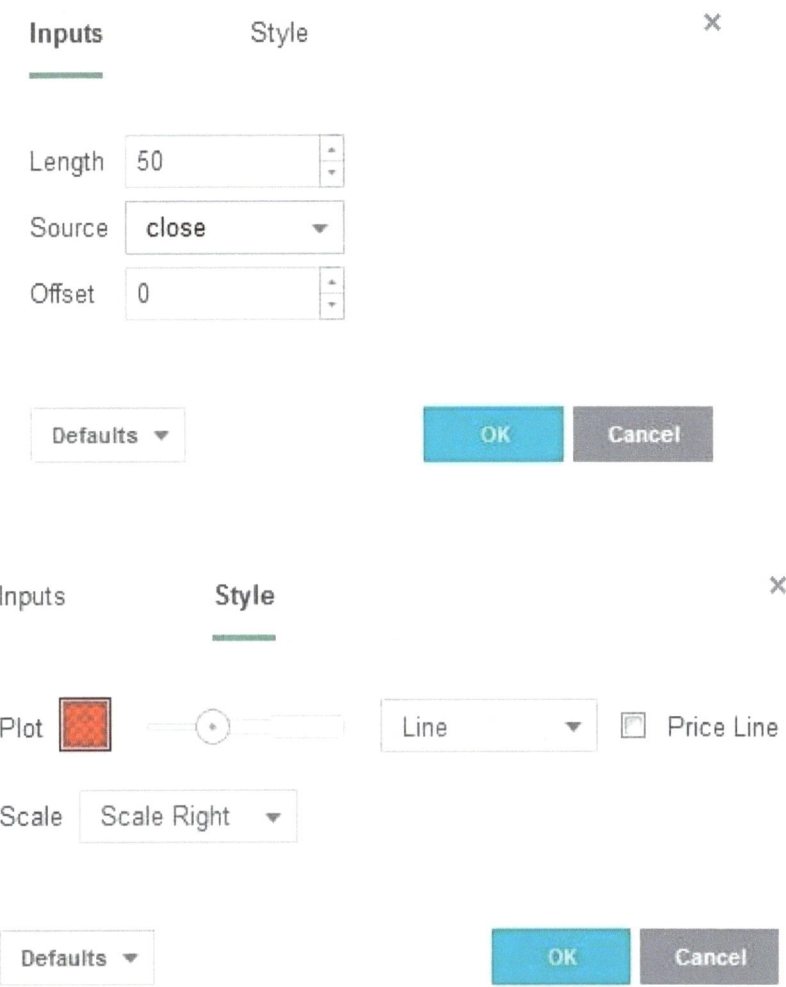

Nous utilisons la couleur rouge pour la moyenne mobile 50. Une fois cela fait. Ajouter la moyenne mobile 20 également. Vous pouvez choisir n'importe quelle couleur de votre choix. Cliquez sur OK. Et il sera inséré dans votre tableau.

Pour les paramètres de canal Keltner

Choisissez Keltner dans la liste des indicateurs et remplissez les détails comme indiqué ci-dessous. Nous utilisons 20 sous la longueur indiquée ci-dessous. Prenez des notes s'il vous plaît.

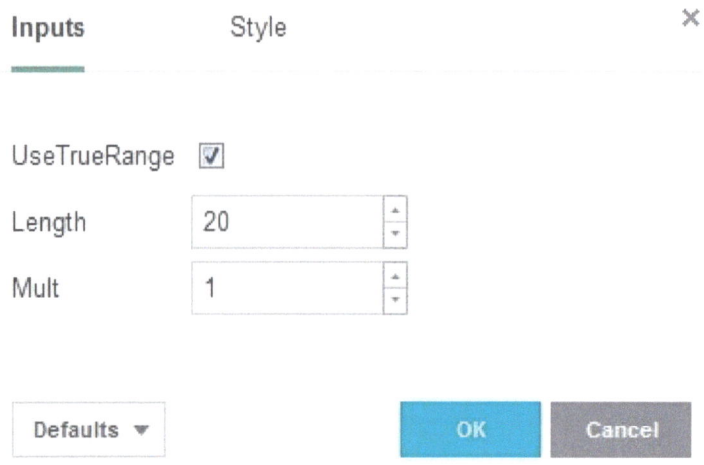

Vous pouvez cliquer sur Style pour changer la couleur des lignes. Kelter fonctionne comme une bande de Bollinger qui a trois lignes. Chacune de ces lignes peut avoir une couleur différente en fonction de vos préférences.
Voir ci-dessous

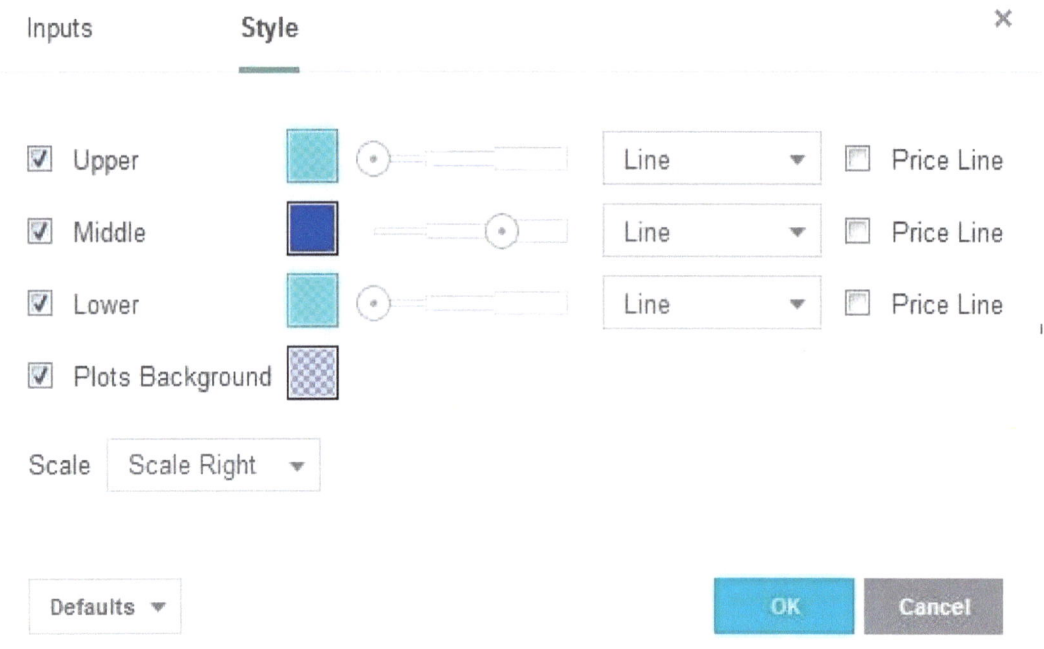

Cliquez ensuite sur SAUVEGARDER pour enregistrer les paramètres sous forme de modèle que vous pourrez ouvrir ultérieurement lorsque vous vous connecterez pour effectuer un échange.

Changez maintenant votre période à 15 minutes ou 30 minutes ou 60 minutes. Cela changera votre graphique par défaut où vous avez un histogramme à un tableau comme celui-ci ci-dessous

La plateforme de trading

Parlons de la plateforme de trading

Cliquez sur les indices de volatilité. Choisissez Bear ou Bull Market.

Puis passer de Rise / Fall à Touch / No Touch

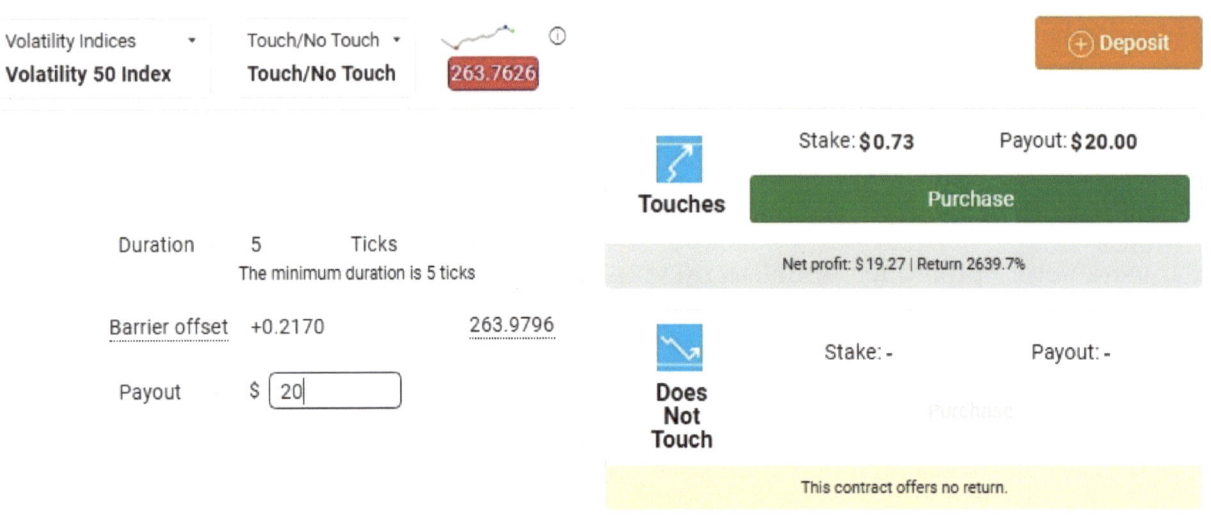

Durée: C'est la période que vous prévoyez que votre transaction durera ou que vous souhaitez que votre transaction s'exécute. Il peut être de 1 minute minimum à 15 heures

Décalage de la barrière: Est-ce comme votre Stop Loss dans le Forex. Ce courtier vous donnera toujours un obstacle par défaut. Dans la plupart des cas, cette barrière est très proche de votre entrée. Tout ce que vous avez à faire est de le changer pour votre propre barrière.

Lorsque vous modifiez votre barrière, vous remarquerez également que votre mise augmentera alors que votre paiement diminuera ou vice versa. La barrière par défaut vous donne toujours un gain énorme avec un enjeu très faible. Mais une fois que vous réduirez la barrière, votre mise augmentera et le paiement diminuera

Touches: Dans ce cas, vous prévoyez que le marché touchera un niveau de prix déterminé pendant une période donnée.

Ne touche pas: Dans ce métier, vous prévoyez que le marché ne touchera pas votre barrière (niveau de prix) pendant une période donnée.

Voyons comment échanger ne touche pas à l'aide de la moyenne mobile et de la stratégie de canal Keltner.

Ne touche pas la stratégie

Dans cette section, je vais vous montrer comment échanger Does Not Touch avec les canaux Keltner. Toutefois, veuillez noter que vous pouvez appliquer le principe de cette stratégie pour échanger également les valeurs UP / DOWN (Rise / Fall). Ne vous limitez pas à Does Not Touch. Vous pouvez également l'utiliser pour échanger Rise / Fall. La raison pour laquelle je vous enseigne Don't Not Touch est que si vous vous en sortez bien, vous pouvez facilement gagner plus avec cela car il vous offre un meilleur retour sur investissement comme 300% et plus par rapport à Rise / Fall qui vous offre 30, 35% atime ou même moins.

MARCHÉ DE L'OURS

La nature du marché baissier doit s'ouvrir haut et les échanges baisser. Cela signifie qu'il sera ou sera toujours ouvert au-dessus du cours de clôture de la veille, le rallye pour atteindre un sommet puis baissera pour le reste de la journée. Cette nature nous donne un avantage pour connaître la tendance de ce marché, qui est toujours baissier.

Comme vous pouvez le voir sur le graphique ci-dessus, le marché s'ouvre haut au-dessus de la clôture de la veille (à partir de 00GMT), s'échangeait plus haut et chutait pour le reste de la journée. Vous pouvez vérifier le tableau pour confirmer cela. Veuillez vérifier la flèche rouge. Il est utilisé pour décrire où le marché s'ouvre et comment il se rallie à la journée avant qu'il ne tombe.

Lorsque nous négocions le marché des ours, nous prenons nos signaux commerciaux basés uniquement sur la bougie baissière.

Dans ce cas, nous négocions en ligne avec la tendance: être un marché baissier. Comme nous le savons déjà dans le Forex, la tendance est votre ami. Ne pas échanger contre la tendance.

La stratégie des canaux de Keltner

Les paramètres doivent être définis sur 20, 1 comme indiqué ci-dessus à la page précédente.
Vous pouvez échanger cette stratégie de deux manières. Cela peut être pour une courte ou longue durée.

Pour les échanges de courte durée
Dans ce cas, vous utiliserez 15 minutes ou 30 minutes (graphique) pour obtenir votre signal. Le délai d'expiration (qui est votre durée) peut être défini sur 30 minutes ou 60 minutes en fonction de vous.

Pour le commerce de longue durée

Vous définissez votre durée comme 4 heures, 5 heures, etc..

Comment échanger les canaux Keltner

Il y a deux façons d'échanger les canaux de Keltner.
(1) Vous pouvez échanger des bougies provenant de l'extérieur de la bordure supérieure des canaux de Keltner et les fermer sous la ligne de bordure supérieure ou sur celle-ci.
(2) Vous pouvez également échanger la bande médiane des canaux Keltner

La stratégie de la frontière supérieure

Lorsque la bougie baissière venant de l'extérieur de la bordure supérieure des canaux de Keltner se ferme à l'intérieur des canaux de Keltner (près de la limite supérieure ou sur celle-ci). Ensuite, nous nous attendons à ce que les bougies ou les métiers tentent de toucher la bande médiane des canaux Keltner.

Dans ce cas, nous ne remplissons pas le commerce et définissons notre barrière comme +6 de la valeur par défaut. Si la valeur par défaut est +2.453, nous la changerons à +6.453. Une autre façon d'obtenir la barrière consiste à placer votre curseur à environ 1 ou 2 points au-dessus de la bougie. La bougie signal est la bougie qui traverse ou se ferme sous la bordure supérieure des canaux de Keltner. C'est la bougie qui nous donne un indice ou qui dit que oui, vous pouvez placer votre commerce maintenant.

Veuillez noter que la barrière est comme définir votre stop loss sur le marché des changes.

Veuillez cocher les flèches dans le tableau ci-dessous pour les exemples de métiers.

Bear Market Chart

Cette carte a seulement l'indicateur de canaux de Keltner

Un autre échantillon de métiers ci-dessous

Cette carte a tous les 3 indicateurs affichés.

Vous pouvez voir sur le graphique ci-dessus que le marché ou les bougies venaient de l'extérieur de la limite supérieure (à partir de la limite supérieure) et descend à l'intérieur des canaux de Keltner.

Si vous observez attentivement les tableaux ci-dessus, vous remarquerez que mon temps est de 1 heure. Je l'ai utilisé à des fins pédagogiques uniquement. Utilisez un graphique de 15 ou 30 minutes à des fins commerciales.

Et je veux ajouter ceci, lorsqu'un échange est déclenché sur votre graphique de 30 minutes ou 15 minutes, vous pouvez ouvrir votre graphique de 5 minutes pour choisir votre entrée. En effet, il y a des moments où le marché va remonter avant qu'il ne se déplace dans votre direction, ce qui va baisser. Et si le retracement est long, il pourrait atteindre votre barrière avant de choisir la direction souhaitée. Il est donc parfois préférable d'attendre que le retracement se termine sur votre période de 5 minutes avant de placer votre transaction NE TOUCHE PAS. Dans ce cas, votre commerce sera en sécurité et réduira vos pertes à court.

La stratégie du Middle Band

Dans un marché baissier, lorsque la bougie baissière se rapproche de la ligne médiane ou au-dessus, le commerce (c.-à-d. Les bougies suivantes et successives) se déplacera vers le bas. Dans ce cas, nous plaçons un commerce NE TOUCHE PAS. Et nous définirons notre barrière comme +6 de la valeur par défaut comme expliqué ci-dessus.

Voyons le commerce Exemples

La ligne médiane est indiquée par la ligne bleue.

Stratégie Up / Down (Rise / Fall)

Comme je l'ai déjà dit, nous utilisons deux moyennes mobiles 20 et 50. Dans ce livre, la moyenne mobile 20 est indiquée en noir, tandis que la moyenne mobile 50 est en rouge.

Dans un marché baissier, chaque fois que les bougies se rapprochent de la ligne de moyenne mobile 20, le marché baissera pour le reste de la journée jusqu'à la fermeture du marché. Cela signifie que la tendance est à la baisse et que le marché devrait continuer à baisser, conformément à la tendance baissière du marché baissier. Le marché respecte toujours la moyenne mobile 20 et, une fois qu'elle l'a franchie et se rapproche d'elle, la nature du marché est qu'elle tendra à baisser pour le reste de la journée.

Dans cette stratégie, vous n'allez pas placer NE TOUCHE pas le commerce. Vous échanger des échanges UP / DOWN (Rise / Fall).

Durée: Fixez votre durée à plus de 5-6 heures en fonction de l'heure à laquelle vous signalez votre signal.

Voyons des exemples commerciaux pour le graphique du marché des ours

Stratégie moyenne mobile 50 (la ligne rouge)

Dans un marché baissier, à chaque fois que les bougies se ferment sur ou au-dessous de la moyenne mobile 50, la prochaine bougie ou le prochain commerce sera abaissé. Le même principe que nous avons observé dans Moving Average 20 s'applique également ici. Toute clôture en dessous de la moyenne mobile signifie un changement de tendance, et nous devrions négocier avec la tendance. Le marché respecte toujours la moyenne mobile 50, et une fois que la bougie le traversera et fermera en dessous, le marché tentera de poursuivre sa chute. Une fois que votre signal de transaction est déclenché, placez vos échanges Up / Down (Rise / Fall) et définissez votre durée..

La flèche bleue indique la perte. Si vous négociez cela, je pense que ce sera une perte car il n'a pas évolué comme prévu. Mais en tout, vous faites toujours des profits. Sur le graphique, nous avons 5 victoires et 2 défaites.

BULL MARKET

La nature du marché haussier est d'ouvrir bas et d'échanger haut. Il est donc prévu que chaque fois qu'il sera ouvert, le prix sera inférieur au cours de clôture de la veille et se négociera plus haut pour le reste de la journée.

Puisque nous négocions, ne touchez PAS, vous définirez votre barrière. Dans ce cas, depuis, c'est un marché haussier. Vous allez insérer un signe négatif (-) soit -6, -9, -15, etc. dans la valeur par défaut que vous voyez sur la plateforme de trading et définir votre durée. E.g Si la valeur par défaut est 2.3456; vous passerez à -6.3456. Cela signifie que vous prévoyez que le marché ne touchera pas votre barrière pendant la durée définie.

Examinons les opérations d'échantillon pour chacune des stratégies décrites ci-dessus ...

Stratégie Keltner Channel

Comme nous avons affaire à un marché haussier, nous envisageons des bougies haussières venant de l'extérieur du canal de Keltner, traversant la limite inférieure de la Manche et fermant à l'intérieur.

Voir les flèches ci-dessous

Vous pouvez voir sur le graphique ci-dessus que le commerce venait de l'extérieur (venant du bas de la journée) traverser la frontière inférieure, soit près de la ligne ou au-dessus de la ligne et tendance plus élevée.

Une fois que vous voyez un signal comme celui-ci, vous placez votre commerce NE TOUCHE PAS. Définissez votre barrière comme négative de la valeur par défaut et définissez également votre durée.

Comment échanger la ligne médiane des canal Keltner dans un marché haussier

Chaque fois que des bougies haussières se ferment sur la ligne médiane représentée par la ligne bleue ou au-dessus, il est toujours attendu qu'il continuera à monter ou à se rallier. Une fois que ceci est repéré, vous placez votre commerce NE TOUCHE PAS.

Voir les flèches ci-dessous pour les échantillons commerciaux

Bull Market Chart

Stratégie moyenne mobile 20 (la ligne noire)

Dans un marché haussier, chaque fois que les bougies se rapprochent de la ligne Moyenne mobile 20, cela signifie que la tendance a évolué vers la tendance à la hausse et que vous pouvez désormais négocier avec la tendance. Dans un tel cas, le marché continuera à se redresser pour le reste de la journée. Sa nature sera de suivre une tendance à la hausse jusqu'à la fermeture du marché.

Remarque: dans ce cas, nous négocions en hausse ou en baisse (hausse / baisse) pour le reste de la journée.

Chaque fois que la bougie haussière croise la ligne Moving Average 20 et se ferme au-dessus, c'est tout pour la journée. Le marché continuera de se développer jusqu'à la clôture du marché. Une fois que vous avez repéré ceci, placez votre commerce Up et définissez votre durée pour les heures restantes de la journée.

Quittez votre métier quand il vous a donné le double de votre mise ou attendez la fin de la journée si vous êtes sûr que cela ne s'inversera pas.

Voir les échantillons commerciaux ci-dessous comme indiqué par la flèche

Veuillez noter que pour cette stratégie. Vous devez utiliser un calendrier ou un graphique d'une heure pour obtenir votre signal pour le trading.

Stratégie moyenne mobile 50 (la ligne rouge)

Le même principe vaut pour Bull Market. Dans un marché haussier, chaque fois que les bougies se ferment au-dessus de la moyenne mobile 50, le marché continuera de se redresser. Une fois que cela se produit, placez votre échange Up / Down (Rise / Fall) et définissez votre durée.

Je montre la flèche bleue ci-dessus pour indiquer si vous aviez placé cette transaction, cela aurait entraîné une perte.

Un mot d'avertissement

Je m'attends à ce que vous ne placiez pas aveuglément un commerce. La première chose à faire est de marquer la zone de support et de résistance sur votre carte. J'espère que vous savez ce que signifie Support et Résistance? Ce sont des zones sur les cartes où le prix qui monte peut rencontrer de la résistance et arrêter sa direction ascendante et changer de direction vers le bas (Résistance) ou de zones où le prix baisse frappe le support et cesse de baisser et commence à acheter (Support).

Une fois que vous avez attiré votre soutien et votre résistance, je vous implore d'ignorer tout signal qui vous demande de placer votre transaction Up / Higher autour de Resistance et de vos échanges Down / Lower autour de Support. Ce sont des zones dangereuses qui ne feront pas de votre commerce un bénéfice.

Gestion de l'argent

Veuillez utiliser la stratégie Martingale pour récupérer les pertes. C'est le plan de gestion de l'argent que nous utilisons pour récupérer nos transactions sur pertes et pour réaliser des bénéfices.

CHAPITRE QUATRE

Comment échanger des Digits Matches

Sous les chiffres correspondants, vous devez prévoir le dernier chiffre du prix de l'indice de volatilité après 5 à 10 mesures. Par exemple, vous gagnerez dix fois votre argent si vous prévoyez que le dernier chiffre de la cinquième coche serait 9 et il en est ainsi. Mais si vous prévoyez 9 et que le résultat est 8, vous perdrez votre investissement. Cela semble être le plus difficile, non?

Ne vous inquiétez pas, je vais vous donner la procédure étape par étape pour gagner de l'argent avec Digit Match.

J'ai montré l'instantané ci-dessous.

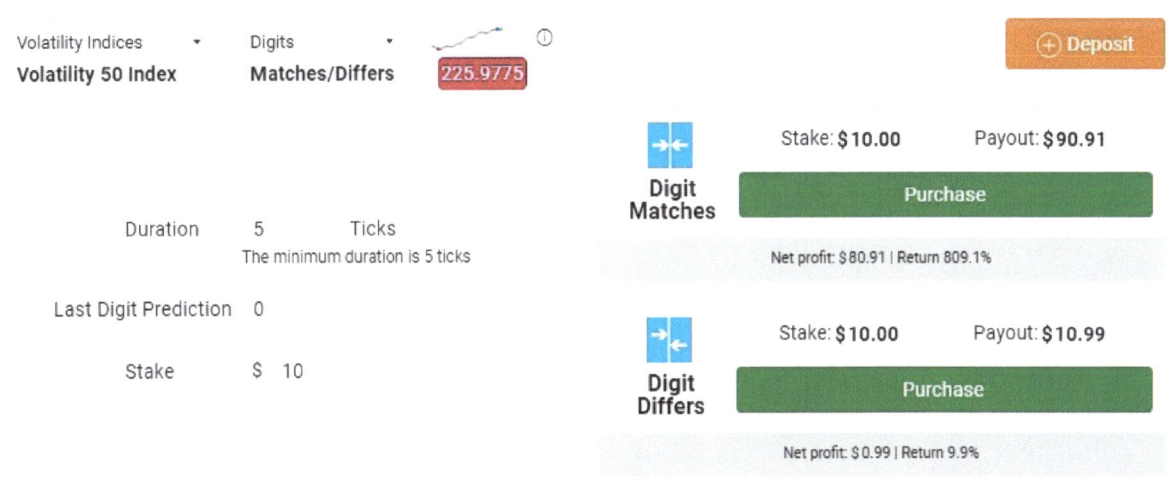

Une fois que vous avez cliqué sur l'indice de volatilité de votre choix, que ce soit 10, 25,

50, 75 ou 100. Changez les chiffres avec des correspondances

Comme il est très facile de prédire les différences (prévoir que les derniers chiffres de la 5ème coche ne seront pas un nombre choisi), le résultat est très faible.

Pour tirer le meilleur parti de cette stratégie, vous aurez besoin d'au moins 170 dollars pour démarrer.

Stratégie de correspondance des chiffres

Regardez le tableau ci-dessous. Comprenez-vous ce que cela signifie? Je vais vous expliquer chaque colonne.

Essais	Pieu	Coût	Fixé	Résultats
1	$1	$1	$10	$9
2	$1	$2	$10	$8
3	$1	$3	$10	$7
4	$1	$4	$10	$6
5	$1	$5	$10	$5
6	$1	$6	$10	$4
7	$1	$7	$10	$3
8	$1	$8	$10	$2
9	$1	$9	$10	$1
10	$2	$11	$20	$9
11	$2	$13	$20	$7
12	$2	$15	$20	$5

13	$2	$17	$20	$3
14	$3	$20	$30	$10
15	$3	$23	$30	$7
16	$3	$26	$30	$4
17	$4	$30	$40	$10
18	$4	$34	$40	$6
19	$4	$38	$40	$2
20	$5	$43	$50	$7
21	$5	$48	$50	$2
22	$7	$55	$70	$15
23	$7	$62	$70	$8
24	$7	$69	$70	$1
25	$9	$78	$90	$12
26	$9	$87	$90	$3
27	$12	$99	$120	$21
28	$12	$111	$120	$9
29	$13	$124	$130	$6
30	$15	$139	$150	$11

ESSAIS

C'est le nombre d'épreuves qui seront effectuées dans lesquelles nos succès ou nos victoires sont attendus tout au long des essais. Notre capital de 170 dollars nous donne le luxe de tâtonner du procès au procès à trente; le long duquel nous sommes attendus pour faire un coup. La beauté ici est que peu importe où nous faisons notre succès, nous aurons toujours un profit.

PIEU

La participation signifie simplement la somme d'argent que nous sommes prêts à investir ou à échanger. Je suppose que vous comprendrez mieux en regardant simplement à travers la table.

COÛT

C'est la valeur cumulée de nos enjeux. Au moment où vous prendrez votre premier essai, vous paierez 1 $. Mais au moment où vous passerez votre 11e procès, 15 $ auraient été déduits de votre compte.

FIXÉ

Le fixe ici signifie le montant que nous recevrons quand nous faisons un coup. Rappelez-vous que nous sommes payés dix fois notre mise. Donc, notre FIXED à tout moment sera dix fois la mise à ce point particulier

RÉSULTATS

C'est notre profit. Il est calculé en soustrayant le coût du FIXED. Cela signifie que si nous faisons un coup au 12ème procès; notre coût est de 18 $. Parce que nous misons 3 $ au 12e procès, notre fixe; ce qui est 10 fois notre participation sera égale à 30 $. Par conséquent, notre retour à ce stade, étant FIXE moins les coûts est égal à 30 $ moins 18 $, ce qui donne 12 $. Cela signifie que notre rendement à ce moment-là sera de 12 $.

Procédure

Aux chiffres correspondants, vous devez prédire à partir du numéro 0 - 9, le nombre qui sera le dernier chiffre après la cinquième coche. Une fois que votre prédiction est correcte, vous obtiendrez 10 fois votre mise.

Nous comprenons comment cela fonctionne déjà. Vous saisirez votre mise, votre prédiction et cliquerez sur "Match Digit Matches".

Maintenant, jetez un coup d'oeil à cette table là encore. Là-haut, il y a "RETOURS" comme colonne. Comme je l'ai expliqué, c'est notre profit. COMMENT?

Comme je l'ai dit, nous allons prédire le dernier chiffre du cinquième tick. Cela signifie que nous aurons une probabilité de 1/10 (parce que nous avons dix nombres de 0 à 9) et en tant que tel, cela semble très difficile. Je ne dis pas que je vais vous donner une magie de savoir ce que le dernier chiffre sera à droite. Mais, je vais vous donner une stratégie qui garantira que vous serez toujours un gagnant même si vous n'avez pas prédit bien plusieurs fois. Tout ce que nous sommes après, c'est que nous prévoyons juste une fois dans environ 25 procès. Cela signifie que si nous prédisons à tort 16 fois et à la 17ème prévision, nous prévoyons à juste titre, nous aurons un profit. Ce que je vous équipe est ce qu'on appelle un risque parfaitement calculé. La seule tâche à laquelle vous êtes confronté est de choisir un nombre entre 0 et 9. Toutes les autres choses seront prises en charge.

Le numéro secret

Vous savez très bien que nous devons choisir un nombre de 0 à 9 pour prédire que nous espérons être le dernier chiffre après le cinquième tick. D'accord! Maintenant, laissez-moi vous donner le numéro secret et la stratégie secrète. Les chiffres sont 0, 1, 2, 3, 4, 5, 6, 7, 8 et 9. Les dix d'entre eux bien sûr. Comme vous pouvez le voir, tous ont des probabilités égales. Mais parfois, je vais souvent pour un plus grand nombre. (5, 6, 7, 8 ou 9) avec des raisons inexplicables. De plus, lorsque je préfère ces nombres plus importants, je préfère parfois un nombre pair (6 ou 8).

Au contraire, si vous ne connaissez aucun nombre et que vous voulez vraiment associer votre numéro de choix à quelque chose, cela peut avoir beaucoup de sens pour vous. Regardez cet instantané ci-dessous

Cliquez sur Statistiques des derniers chiffres comme indiqué par la flèche BLEUE. Cela signifie des statistiques. Si vous cliquez dessus, vous obtiendrez un graphique circulaire qui représentera la fréquence d'apparition de chaque chiffre de 0 à 9 pour les valeurs que vous avez choisies. Vous pouvez décider de le tracer pour les 100, 200, 300 dernières tiques. Cela vous donnera un aperçu de la fréquence à laquelle chaque nombre est apparu pour les tiques passées. Choisissez les 100 dernières tiques si vous devez utiliser les statistiques car elles donnent des informations récentes. Notez que le nombre avec le pourcentage le plus élevé est le nombre qui est apparu le plus au cours des 100 derniers ticks.

REMARQUE:

Le nombre que nous choisissons n'est en aucun cas notre stratégie. La stratégie réside dans la formule tabulée. Et notez que lorsque vous choisissez, vous ne devez pas le changer jusqu'à ce que vous ayez gagné. Après avoir gagné, vous pouvez décider d'utiliser un autre numéro.

Vous devez recommencer depuis le début une fois que vous gagnez. (1er essai vers le haut)
Par exemple, si vous choisissez 8. Lors de votre 1er essai, cela n'a pas été le cas (vous perdez votre 1 $); 2ème essai, il n'a pas montré (vous perdez encore 1 $, faisant 2 $); jusqu'au 7e procès (vous perdez encore 1 $, en additionnant jusqu'à 7 $) et si vous gagnez au 8e essai, vous gagnerez 10 $. Ce moins le coût accumulé de 8 $ vous laissera un profit de 2 $.

Le point ici est que vous ne devez pas changer le 8 (votre prédiction) avant d'avoir gagné. Si vous osez le changer, vous perdrez votre argent. Après avoir fait votre coup, vous pouvez choisir de le changer ou de décider de continuer. Mais ne le changez jamais du tout lorsqu'un jeu est toujours actif sans avoir encore gagné. Une fois que vous ne le changez pas, je suis très confiant que vous gagnerez avant votre 23e procès. Peu importe à quel point. Et rappelez-vous, peu importe où vous frappez, vous êtes sûr d'obtenir un retour. Il suffit de s'en tenir à la formule tabulée et laissez-la vous guider.

Une autre note d'avertissement est que CETTE STRATÉGIE NE PEUT ÊTRE UTILISÉE QUE UNE FOIS EN 3 MOIS. Si vous l'utilisez ce mois-ci et que vous avez l'intention de l'essayer le mois prochain, cela ne fonctionnera pas. Cela peut être dû au fait que le courtier surveille nos transactions, et une fois qu'elles auront remarqué votre séquence de gains, elles changeront l'algorithme des nombres. Nous ne voulons pas jouer dans leurs mains.

Règles de la stratégie

- Ouvrez le compte virtuel et le compte réel.
- Utilisez le compte virtuel pour tenter votre chance avec cette stratégie.
- S'il vous plaît assurez-vous de pratiquer avec votre compte virtuel et de construire votre confiance très bien avant d'aller pour un compte réel.
- Dès que vous êtes prêt à prendre des enjeux, définissez tous vos paramètres comme indiqué
- Décidez du numéro que vous voulez utiliser
- Une fois que vous commencez, ne changez jamais votre numéro, peu importe le temps nécessaire pour faire un coup; Si vous le faites, vous perdrez.
- Ne soyez pas hypertendu si vous n'avez pas réussi. Cela peut arriver au 24ème procès ou même plus.
- Vous ne devez pas vous détendre au milieu des enjeux. Une fois que le résultat est sorti pour le 1er essai, alimentez le 2ème essai immédiatement et ainsi de suite, jusqu'à ce que vous obteniez votre coup. Cela garantit que vous ne faites pas vos essais indépendants mais dépendants les uns des autres. Cela accélère votre frappe.
- Selon notre stratégie, vous ne devriez réaliser que 5 visites par jour. Cela peut être réalisé en moins de 15-20 minutes.
- Avec 5 visites par jour, une moyenne de $20/ jour est certaine. Cela donne $100/ semaine. Cela vous donne un objectif de $400/ mois.
- Ne soyez pas gourmand. Si vous choisissez d'être, vous invitez des problèmes.
- Une fois les 5 visites effectuées pour la journée, déconnectez-vous et calculez votre profit pour la journée.
- Si tout cela est strictement respecté, votre $400 est garanti à 100% en un mois avec cette stratégie uniquement.

CHAPITRE CINQ

Conclusion

Permettez-moi de dire à juste titre que les principes enseignés sous Touch / No Touch peuvent être utilisés pour échanger vers le haut / bas (Rise / Fall). Parfois, le trading de Not Not Touch peut être très risqué, dans un tel cas, appliquer la stratégie au trade Rise / Fall.

Gardez toutes les instructions dans cet ebook et vous serez étonné de ce que votre monde deviendra. Ne soyez pas gourmand et ne soyez jamais pessimiste. Aussi, ne soyez pas paresseux. Je crois que cet ebook est explicite. Lisez attentivement et soyez sur Internet pour pratiquer tout ce qui a été enseigné. Avec ce guide, je pense que vous pouvez commencer avec votre compte virtuel dans les 12 heures suivant la lecture de ce guide.

Je vous invite à essayer les stratégies de trading de tendances de mon ami élaborées dans son livre [Options binaires: Étapes par étapes guide pour gagner de l'argent à partir du trading d'options Binaires.](#)

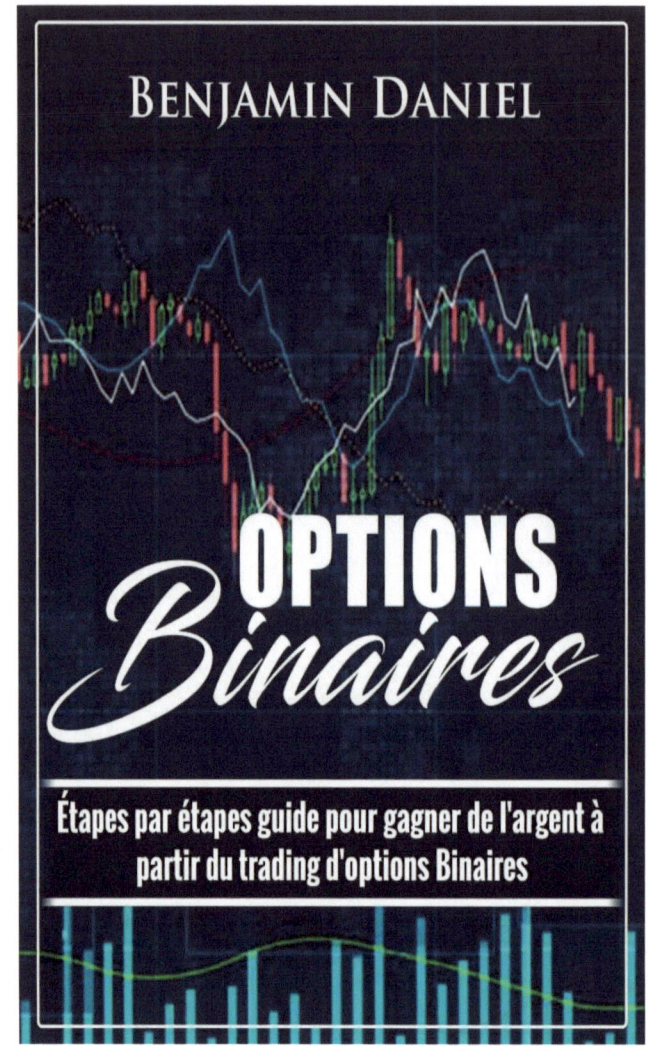

Il a discuté en détail de Trend- comment connaître la tendance manuellement et en utilisant des indicateurs et comment vous pouvez échanger le retracement de toute tendance dans les options binaires. Les stratégies décrites ici peuvent également être utilisées pour échanger des indices de volatilité pour UP / Down (Rise / Fall) et Touch / No Touch. C'est un très bon livre qui vous aidera beaucoup.

****

Merci d'avoir lu! Si vous avez aimé ce livre ou si vous l'avez trouvé utile, je vous serais reconnaissant de bien vouloir publier une courte critique sur Amazon. Votre soutien fait vraiment la différence et je lis personnellement tous les commentaires pour obtenir vos commentaires et améliorer ce livre.

"Merci encore pour votre soutien!"